Wo ist etwas oben?

Wo ist etwas unten?

2
7
11
12
5
10
9
6
2
4
7
10
5
3
9
12
11
1

Wo ist der Stock hinten?

7

8

9

10

11

12

Wo ist der Vogel vorn?

2 6 9
6 5 8
9 12 10
11 1 3
5 9 3
6 3 10

Wo ist die Kugel zwischen den Dingen?

1

2

3

4

5

6

7

8

9

10

11

12

Wo ist etwas nebeneinander?

7

8

9

10

11

12

Wo ist etwas hintereinander?

1

2

3

4

5

6

7 

8 

9 

10 

11 

12 

Viele Dinge! Wo ist das erste?

1

2

3

4

5

6

7

8

9

10

11

12

Viele Dinge! Wo ist das letzte?

1

2

3

4

5

6

7 

8 

9 

10 

11 

12 

Wo ist der Ball rechts?

1

2

3

4

5

6

7

8

9

10

11

12

Wo ist der Würfel links?

1
2
3
4
5
6

7 

8 

9 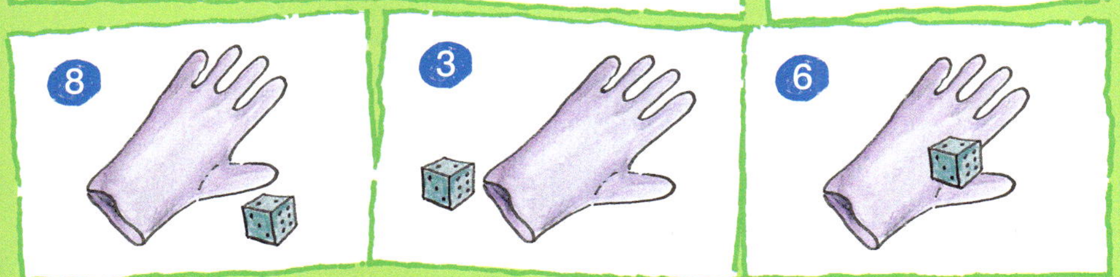

10 

11 

12 

Wer fährt oder läuft rechts?

7

8

9

10

11

12

Wer oder was bewegt sich nach links?

7 

8 

9 

10 

11 

12 

Was ist gleich hoch?

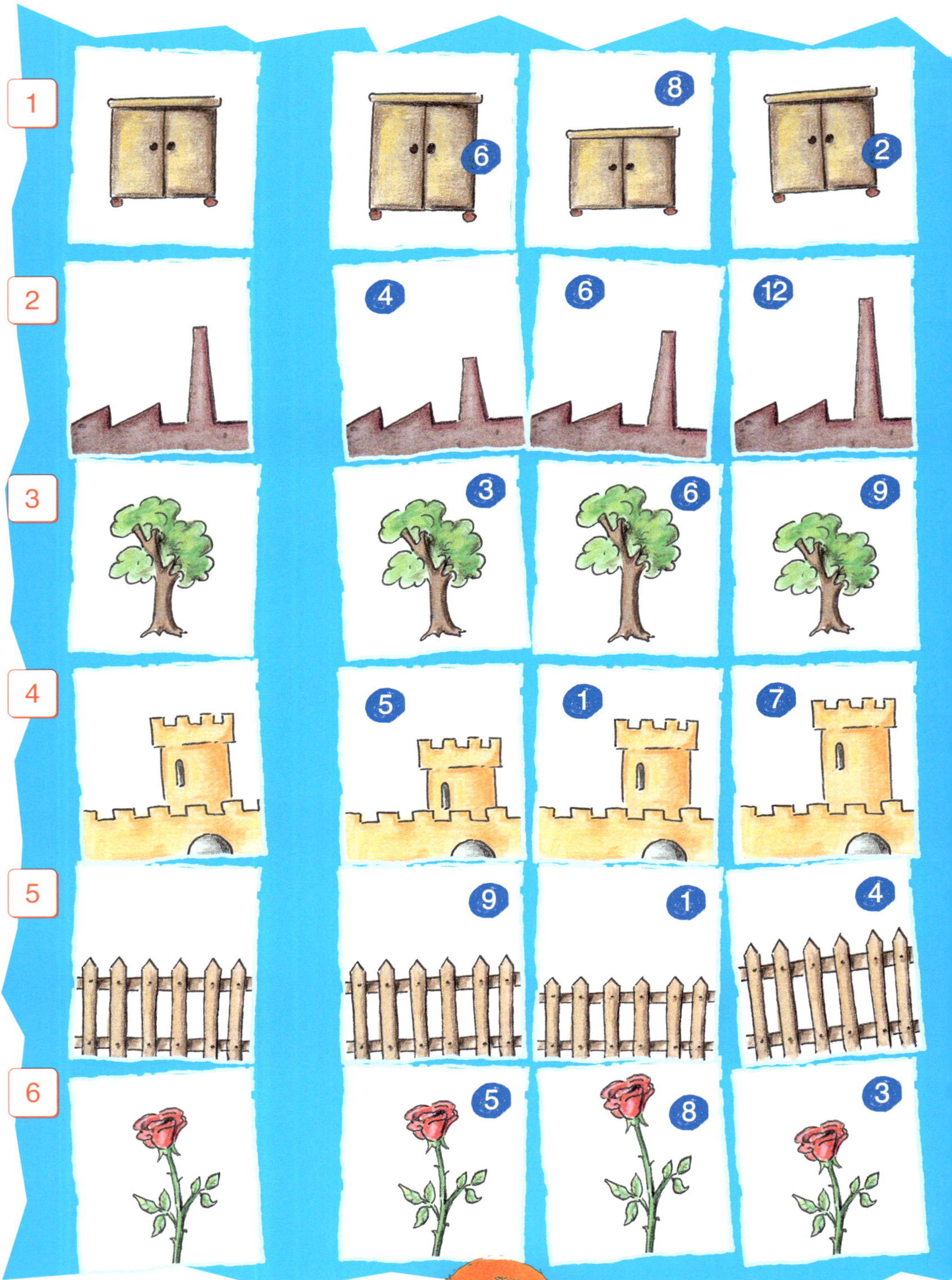

7

8

9

10

11

12

Was ist doppelt so hoch?

7

8

9

10

11

12

Was ist halb so hoch?

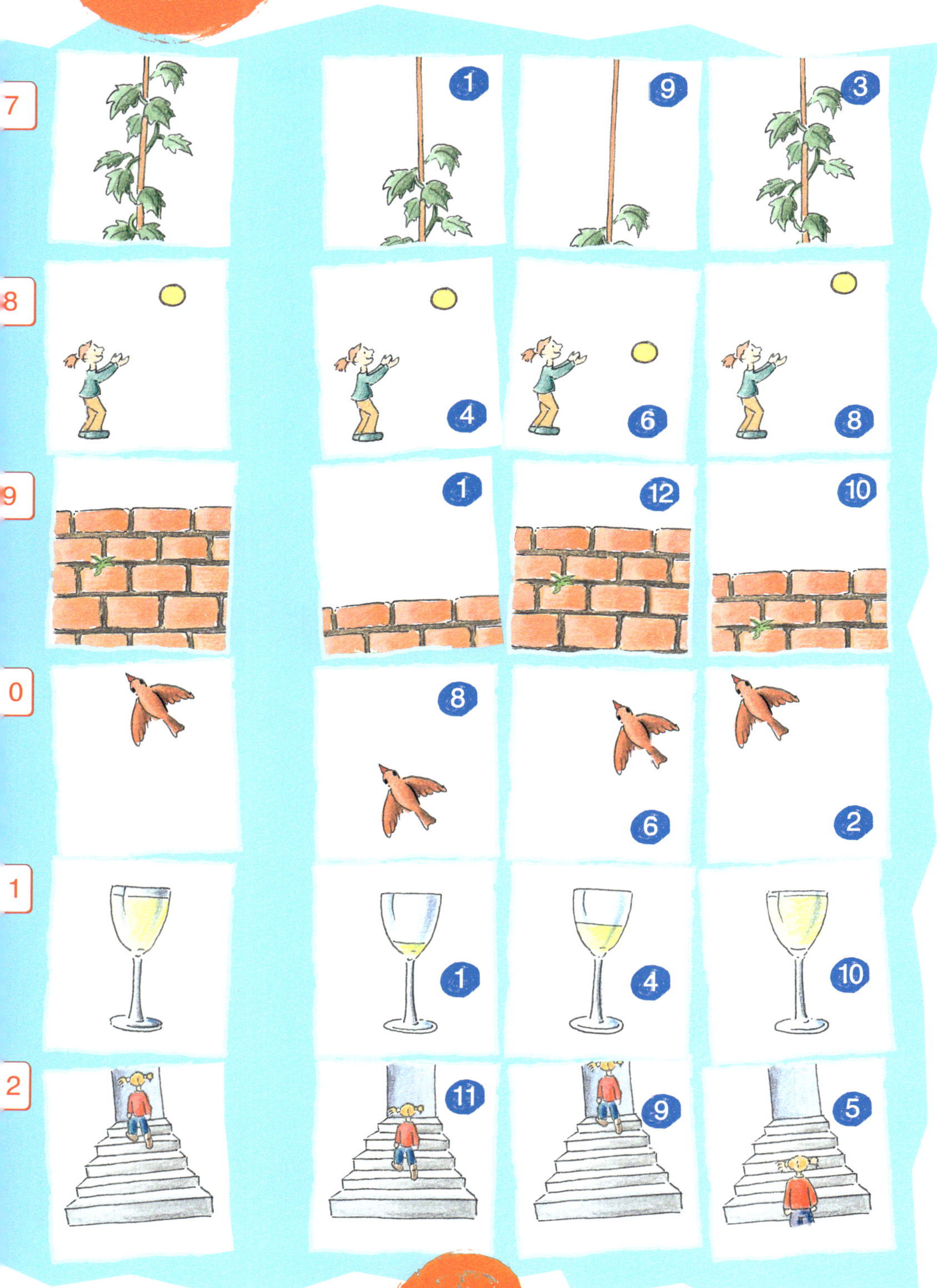
7
1
9
3
8
4
6
8
9
1
12
10
0
8
6
2
1
1
4
10
2
11
9
5

Was ist länger?

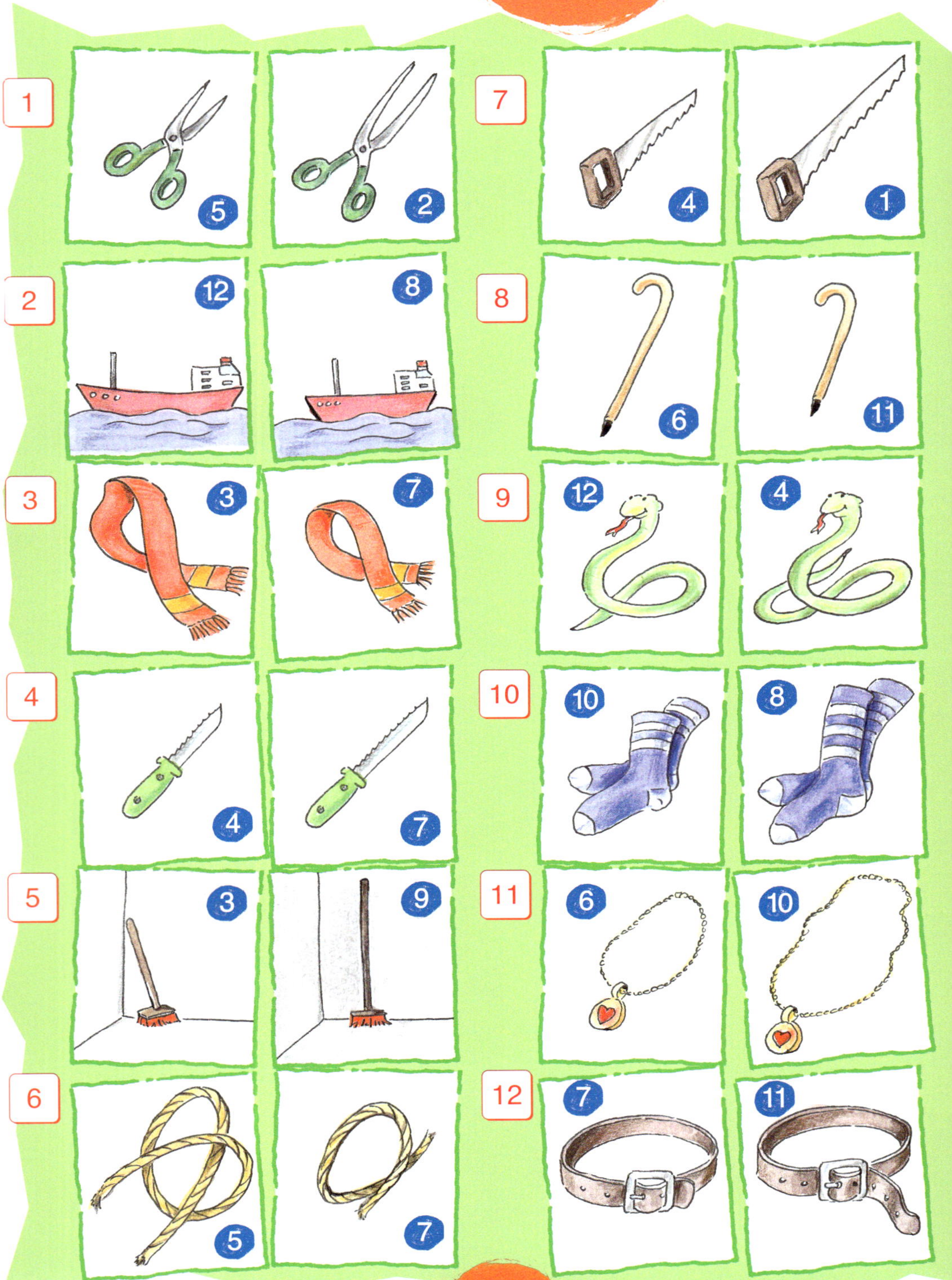